Naturwaschmittel aus Wald und Wiese

GABRIELA NEDOMA

Naturwaschmittel aus Wald und Wiese

Einfach selbst gemacht

Servus
DAS GROSSE KLEINE BUCH 61

Inhalt

Vorwort

Naturwaschmittel aus Wald und Wiese

In der Natur um uns wachsen heilsame Waschpflanzen im Überfluss. Auf Bäumen sprießen üppig Rosskastanien, an Hausmauern gedeiht der Schatten spendende Efeu und an Bachufern blüht das rosafarbene Seifenkraut. Diese Pflanzen erfreuen nicht nur das Auge, sondern sie warten darauf, kostenfrei gesammelt und genutzt zu werden.
Waschpflanzen enthalten natürliche Seifenstoffe, aus denen biologische Naturwaschmittel und natürliche Reiniger, Putz- und Geschirrspülmittel hergestellt werden können. Als Naturwaschmittel sind sie sanft zur Haut und selbst von Kindern und Menschen mit empfindlicher Haut, Neurodermitis, Psoriasis und Allergien anwendbar. Die natürlichen Waschtenside sind besonders umweltfreundlich und um ein Vielfaches schonender für Wasserlebewesen als im Handel erhältliche Waschmittel. Die Verwendung von Naturwaschmitteln trägt aktiv dazu bei, die Waschchemikalien in der Umwelt und den ökologischen Fußabdruck zu reduzieren.

Vom vergessenen Wert lokaler Waschpflanzen

Die Nutzung lokaler Waschpflanzen hält die Haut gesund und entlastet die Umwelt. Ihre Verwendung als Naturwaschmittel steckt jedoch in den Kinderschuhen und nicht selten landen lokale Waschressourcen ungenutzt auf dem Komposthaufen. Paradoxerweise erfreut sich die weitgereiste indische Waschnuss zunehmender Beliebtheit und wird als natürliche Waschressource importiert. Die Waschnuss ist an sich eine gute Waschalternative, doch hinterlässt ihre Vermarktung einen tiefen ökologischen Fußabdruck. Bis zu 10.000 Kilometer reist sie von Asien nach Europa. Nicht alle im Handel angebotenen Waschnüsse sind nach kontrollierten Standards produziert und so steht ein Teil der Weltproduktion in Zusammenhang mit Kinderarbeit, Einsatz von Pestiziden und Ausbeutung von Menschen und Naturressourcen. Früher ein preiswertes Waschmittel für die lokale Bevölkerung in Asien, ist der Preis der Waschnuss durch die Nachfrage aus den Industrieländern um das Sechsfache und mehr gestiegen. Infolgedessen verwenden die Menschen vor Ort vermehrt Waschchemikalien und entsorgen diese mangels Kläranlagen ungefiltert in Gewässern. Die Waschnuss löst also keine ökologischen Probleme, sondern verlagert lediglich unsere Probleme nach Asien. Auf den Punkt gebracht: Es gibt nicht weniger „Schmutzwäsche", sie wird einfach nur woanders gewaschen.

Ein Ratgeber, um grün und natürlich zu waschen

In Auseinandersetzung mit der Waschmittelproblematik entstand mein Buch über die Nutzung der Rosskastanie als lokale Waschressource („Naturwaschmittel Rosskastanie: die heimische Waschnuss als ökologische Alternative"). Das Interesse an diesem Thema ist sehr groß und viele Leser fragen seitdem nach weiteren regionalen Waschpflanzen. In diesem kleinen Ratgeber finden Sie alle wichtigen Informationen rund ums Sammeln, Verarbeiten und Verwendung unserer heimischen Waschpflanzen. Damit waschen Sie kostengünstig, schützen Ihre Haut und Sie tragen dazu bei, dass weniger Waschchemikalien verwendet werden.

Nutzen Sie also die lokalen Waschressourcen und geben Sie dieses Wissen aktiv weiter - Ihre Gesundheit und die Umwelt werden es Ihnen danken!

Gabriela Nedoma

Moderne Waschmittel in Daten und Fakten

Sauberkeit verschmutzt die Umwelt

Warum überhaupt natürlich waschen, wenn moderne Waschchemikalien Schmutz, Fett und jeden Fleck sofort entfernen? Unsere Sauberkeit verschmutzt die Umwelt, und den Preis für blütenweiße Wäsche zahlt oft die Natur. Über 40% der Schadstoffe in Abwässern entstehen durch Wasch- und Putzmittel. 650.000 Tonnen Waschmittel und 200.000 Tonnen Waschhilfen wie Weichspüler werden pro Jahr in Deutschland in die Gewässer entsorgt. Moderne Kläranlagen beseitigen erfolgreich einen großen Teil dieser Stoffe, doch nicht alle Waschchemikalien können aus den Abwässern entfernt werden. Kaum oder unzureichend abgebaut werden Waschhilfen wie Umwelthormone, Formaldehyde, EDTA, Phosphonate, Phthalate, wie auch 10% der Tenside. Um die 2.000 Tonnen Tenside pro Jahr kommen so zusammen, belasten den Boden und gehen neue Verbindungen mit Schwermetallen und Pestiziden ein. Auf diese Weise können

Substanzen entstehen, die schädlicher als die Tenside selbst sind und Problemkreisläufe in Gang setzen. Ein Beispiel ist Nonylphenol, ein bedenkliches Umwelthormon mit östrogenisierender Wirkung. Es reichert sich in Gewässern, Pflanzen und Wasserlebewesen an und mittlerweile nimmt jede Person täglich über die Nahrungskette 7,5 Mikrogramm Nonylphenol zu sich. In einer Untersuchung von 60 Lebensmitteln wurde dieses Umweltgift in allen kontrollierten Lebensmitteln nachgewiesen, von Äpfeln und Butter bis hin zur Muttermilch und Babynahrung (Quelle Greenpeace: https://www.greenpeace.de/themen/endlager-umwelt/test-nonylphenol).

Hautbelastung durch viel Chemie

Moderne Waschmittel sind aus Baukastensystemen zusammengesetzt und enthalten neben waschaktiven Tensiden im Durchschnitt 15 weitere Substanzen. Diese Begleitstoffe optimieren das Waschergebnis, indem sie Flecken entfernen, Verfärbungen verhindern, Textilien bleichen, Schaumbildung hemmen, Farben fixieren, beduften, desinfizieren, konservieren usw. Neben ihrer positiven Wirkung auf das Waschergebnis können eine Reihe an Substanzen in Waschmitteln Haut und Gesundheit belasten.

Synthetische Tenside entfernen den natürlichen Säureschutzmantel, können die Austrocknung der Haut fördern und Wundheilungsprozesse verzögern. Sie machen die Haut durchlässig und erhöhen ihre Anfälligkeit für Keime, Pilze und Bakterien.

Bleichmittel wie Perborate können Ekzeme und Irritationen verursachen und allergische Reaktionen auslösen.

Optische Aufheller greifen in die Stoffwechselprozesse der Haut ein und können die Hautregeneration beeinträchtigen.

Formaldehyde sind krebserregend und finden Anwendung als Desinfektionsmittel in manchen Waschmitteln.

Synthetische Duftstoffe sind aufgrund der aggressiven Beduftung der Waschmittel eine häufige Quelle für gesundheitliche Probleme. Sie können Reizungen der Haut, Augen und Atmungsorgane bewirken, allergische Reaktionen hervorrufen, Juckreiz, Entzündungen, Ekzeme und hormonelle Veränderungen begünstigen.

Weichspüler belasten besonders stark die Gesundheit und die Umweltkreisläufe aufgrund ihrer Inhaltsstoffe wie hormonwirksame Phthalate, biozides Triclosan, umweltbelastende kationische Tenside oder schaumhemmende Silikone.

So können Sie 4 kg Waschchemikalien pro Jahr einsparen

Über 50% der Wäsche landet nach einmaligem Tragen kaum oder nur leicht verschmutzt in der Waschmaschine. So kommen 550 kg Wäsche, 100 Waschgänge und 8 kg Waschpulver pro Jahr und Kopf zusammen. Selbst wenn Sie „nur" Ihre leicht verschmutzte Kleidung von nun an mit Waschpflanzen waschen, sparen Sie 4 kg Waschchemikalien pro Jahr ein.

10 Tipps zum hautfreundlichen und umweltschonenden Waschen

- ☞ Kaufen Sie biologische Waschmittel oder waschen Sie mit Waschpflanzen.
- ☞ Vermeiden Sie konventionelle Wasch- und Putzmittel.
- ☞ Wählen Sie unbeduftete Waschmittel.
- ☞ Verwenden Sie keine künstlichen Weichspüler.
- ☞ Weichen Sie die Wäsche über Nacht ein und sparen Sie dadurch Waschmittel.
- ☞ Behandeln Sie Flecken und starke Verschmutzungen mit pflanzlicher Gallseife vor.
- ☞ Dosieren Sie die Waschmittel genau entsprechend der Empfehlung der Hersteller.
- ☞ Nutzen Sie die Kapazität Ihrer Waschmaschine optimal aus.
- ☞ Waschen Sie mit Wasser-Plus-Programmen, um Chemikalienrückstände gründlich zu entfernen.
- ☞ Tragen Sie Ihre Kleidung mehrmals, bevor sie gewaschen wird.

Heimische Waschpflanzen

Nachwachsende Waschmittel aus der Natur

Die Natur gibt uns alles, was wir für ein gutes Leben brauchen: Nahrung und Arzneien, Hautpflege und Waschmittel. Weltweit wachsen zahlreiche waschaktive Pflanzen, die als natürliche Seifen und Naturwaschmittel genutzt werden: in Asien der Waschnussbaum (*Sapindus saponaria*), in Südamerika der Seifenrindenbaum (*Quillaja saponaria*) und in Australien der Schaumrindenbaum (*Jagera pseudorhus*). In den gemäßigten Zonen Europas sind die wichtigsten Vertreter der Waschpflanzen der Rosskastanienbaum, der Efeu und das Seifenkraut, in denen sich grüne Seifenstoffe im Überfluss konzentrieren.

Saponine: Grüne Seife aus Bäumen und Kräutern

Die natürlichen Seifenstoffe in Waschpflanzen heißen Saponine (lat. *sapo* = Seife). Diese waschaktiven Naturtenside schäumen beim Kontakt mit Wasser, machen das Wasser

weich und lösen Fette sowie Verschmutzungen. Es gibt zahlreiche Saponinverbindungen in den Pflanzen, allein die Rosskastanie konzentriert in sich um die 30 Saponine. Charakteristisch für alle Saponine ist ihre reinigende, erweichende, schleimlösende und desinfizierende Wirkung. Jedes Saponin hat aber auch eine spezifische Heilwirkung: So stärken die Aescine in der Rosskastanie Venenwände, das Hederin im Efeu hat einen positiven Effekt gegen Cellulite und die Saponarioside im Seifenkraut lindern trockenen Husten.

Waschpflanzen und ihre heilsame Wirkung

Die heimischen Waschpflanzen sind mild zur Haut und ideale Wasch- und Reinigungsmittel für Kinder und Menschen mit Neurodermitis, Allergien und sensibler Haut. Bleiben Rückstände der Seifenstoffe im Textilgewebe, braucht man sich keine Sorgen zu machen: Sie sind hypoallergen, desinfizierend, entzündungshemmend und reizlindernd. Waschpflanzen werden aufgrund ihrer heilsamen Wirkung auch in der Medizin als Arzneien verwendet. Die Rosskastanie wird vor allem bei Venenbeschwerden eingesetzt, Efeu bei Husten und Seifenkraut bei viralen Infektionen.

Universal anwendbar und effektiv

Natürliche Seifenstoffe können universal als Wasch-, Putz- und Reinigungsmittel verwendet werden. Sie lassen sich mehrmals zum Waschen verwenden und sind dadurch besonders sparsam im Gebrauch. Aufgrund ihrer milden Wirkung eignen sie sich auch zur Reinigung von Haaren, Gesicht und Körper. Es können aus ihnen Pflegeprodukte wie Shampoos, Flüssigseifen oder Duschgels hergestellt werden.

Umweltfreundlich und ökologisch

Waschpflanzen reduzieren den Verbrauch von Chemikalien und nutzen Naturressourcen. Wie aktuelle Untersuchungen belegen, bauen sich Saponine zu 100% rasch natürlich ab und sind wesentlich schonender für Wasserlebewesen als Waschmittel im Handel. Nach dem Waschen können die Rückstände der Waschpflanzen als Dünger weiterverwendet werden.

Alle Vorteile der Waschpflanzen auf einem Blick

Es gibt zahlreiche Gründe, vor dem nächsten Waschgang einen Rundgang durch Wald und Wiese zu machen, denn Waschpflanzen

- ☞ waschen natürlich und ohne synthetische Waschchemikalien sowie belastende Zusätze,
- ☞ machen die Textilien weich und verleihen der Wäsche einen hohen Tragekomfort,
- ☞ schonen die Farben und eignen sich besonders zum Waschen von Buntwäsche und sensiblen Textilien,
- ☞ sind einfach in der Handhabung, geruchsneutral und sparsam in der Anwendung,
- ☞ eignen sich für Kinder, Allergiker, Neurodermitiker und Menschen mit sensibler Haut,
- ☞ enthalten heilsame Wirkstoffe und können Gesundheitsbeschwerden lindern,
- ☞ waschen kostengünstig und bringen eine Ersparnis von rund 100 Euro pro Jahr für den Kauf von konventionellen Waschmitteln,
- ☞ sind lokal nachwachsende Waschressourcen,

- ☞ sind besonders umweltfreundlich und werden zu 100% natürlich abgebaut,
- ☞ sind vegane Waschmittel und schützen Flora und Fauna,
- ☞ verringern den ökologischen Fußabdruck und fördern die Selbstversorgung aus der Natur.

Praxiswissen Waschpflanzen

Sammeln

☞ Sammeln Sie nur Pflanzen, die Sie eindeutig erkennen.
☞ Sammeln Sie saubere und gesunde Pflanzenteile.
☞ Vermeiden Sie Plätze, an denen Pestizide und Chemikalien versprüht wurden.
☞ Achten Sie auf einen ausreichenden Pflanzenbestand und ernten Sie niemals alle Pflanzenteile. Lassen Sie mindestens 1/3 der Menge für die Naturmitbewohner stehen.
☞ Sammeln Sie nur so viel, wie Sie tatsächlich brauchen.

Sammelzeiten, Trocknung, Aufbewahrung

Die Sammelzeiten sowie die Anleitungen zum Trocknen und Aufbewahren sind bei der Beschreibung der jeweiligen Pflanzen zu finden.

Zubehör

Für die Rezepturen im Buch ist eine normale Küchenausstattung ausreichend.

Arbeitsgefäße: hohe Gläser, Gläser mit Schraubverschluss, Gefäße mit Gießvorrichtung, Töpfe mit 1-3 Liter Fassungsvermögen

Zerkleinerer: Messer, Mixer, Pürierstab; bei der Rosskastanie ist ein Hochleistungsmixer von Vorteil.

Siebe: feine Siebe, Teefilter, Kaffeefilter
Verpackung: Verwenden Sie recycelte Verpackungen wie Zerstäuberflaschen, Flaschen, große Gefäße zur Aufbewahrung der pulverisierten Waschpflanzen, Stoffsäckchen zum Waschen.
Weiteres Zubehör: Schneidebrett, Waage, Trichter, Löffel

Hygiene

Sauberes Arbeiten ist der beste Konservierungsstoff! Hände, Arbeitsflächen, Arbeitszubehör und Verpackung vor der Arbeit mit 40%-igem Alkohol desinfizieren. Vermeiden Sie den Kontakt zu den Innenflächen der Verpackung nach dem Desinfizieren.

Waschen mit Waschpflanzen in der Praxis

Für ein optimales Waschergebnis sollen folgende wichtige Punkte beim Waschen mit Waschpflanzen beachtet werden:

Geeignete Textilien

Waschpflanzen eignen sich für alle Naturfasern wie Baumwolle, Leinen, Wolle oder Seide. Bei Mikrofasern und Funktionskleidung achten Sie bitte auf die Waschempfehlungen der Hersteller - diese Materialien sind in der Regel abgestimmt auf das Waschen mit synthetischen Tensiden.

Weiße Wäsche, bunte Wäsche

Waschpflanzen sind optimale Waschmittel für bunte Textilien. Für weiße Wäsche kann pro Waschgang zusätzlich zu den Waschpflanzen ein mildes Biowaschmittel für weiße Wäsche verwendet werden. Für die Dosierung des Biowaschmittels reicht die Hälfte der empfohlenen Menge.

Flecken entfernen

Behandeln Sie Flecken und schwere Verschmutzungen vor. Als Fleckentferner eignen sich vegane Gallseife, biologische Fleckentferner oder biologische Waschmittel aus dem Handel. Die Flecken sollen angefeuchtet und mit dem Fleckentferner besprüht oder eingerieben werden.

30 Minuten einwirken lassen, anschließend die Wäsche wie gewohnt waschen.

Starke Verschmutzungen

Bei starken Verschmutzungen sollen pro Waschgang 2 EL Waschsoda oder ein mildes Biowaschmittel aus dem Handel verwendet werden. Für die Dosierung des Biowaschmittels reicht die Hälfte der empfohlenen Menge. Eine weitere ökologische Methode ist, die Wäsche über Nacht einweichen zu lassen; so lassen sich Verschmutzungen auch ohne viel Chemikalien leichter lösen.

Ergiebigkeit und Dosierung der Waschpflanzen

Waschpflanzen können mehrfach zum Waschen verwendet werden, wobei ihre Waschkraft mit jedem Waschgang abnimmt. Die genaue Dosierung und Mengenangaben sind bei der jeweiligen Pflanzenbeschreibung zu finden.

Fassungsvermögen der Waschmaschine

Pro Waschgang soll die Waschmaschine zu 2/3 mit Wäsche gefüllt werden.

Waschtemperatur

Optimal sind normale Temperaturen zwischen 30-50°. Die Waschtemperatur der Textilien soll auf die Empfehlungen des Herstellers abgestimmt werden. Temperaturen von über 60° sind nicht empfehlenswert, da sich bei hohen Temperaturen die Gerbstoffe in Pflanzen stärker auflösen und Flecken und Verschmutzungen im Textilgewebe fixieren können.

Pflanzenteile zerkleinern

Um die Saponine freizusetzen, müssen die Pflanzenteile möglichst klein geschnitten oder pulverisiert werden. Je kleiner die Pflanzenteile, umso schneller und gründlicher können sich die Saponine auflösen und umso besser ist das Waschergebnis.

Waschprogramme

Verwenden Sie normale und Wasser-Plus-Waschprogramme. Vermeiden Sie Express-Programme; diese sind verhältnismäßig energieintensiver und brauchen mehr Waschmittel.

Hartes Wasser

Bei einer Wasserhärte ab 15 sollten pro Waschgang 50 ml Naturessig im Waschmittelfach zugegeben werden.

Weichspüler

Waschpflanzen machen die Textilien generell weich und angenehm beim Tragen. Zusätzlich können noch 50 ml Naturessig im Weichspülfach zugegeben werden.

Wäsche beduften

Waschpflanzen sind duftneutral und für viele Menschen gerade deswegen angenehm. Wer dennoch seine Wäsche beduften möchte, kann 5-10 Tropfen 100% reines ätherisches Öl und 50 ml Wodka mischen und in das Weichspülmittelfach füllen. Alternativ kann ein duftendes Kräutersäckchen im Kleiderschrank aufgehängt werden.

Rosskastanie: Die heimische Bio-Waschnuss

Rosskastanie als Waschpflanze

Die Rosskastanie ist ein häufig anzutreffender Kulturbaum. Die Gemeine oder Weiße Rosskastanie (*Aesculus hippocastanum*) gehört zur Familie der Seifenbaumgewächse und enthält in allen seinen Pflanzenteilen Saponine. Zum Waschen werden die braunen, glänzenden Samen verwendet, die im Herbst reif sind und auf den Boden fallen.

In den Samen konzentrieren sich Saponine, vor allem Aescin, Bitterstoffe, Gerbstoffe, Allantoin, fettes Öl, natürliche Säure und Stärke. Mit einem Gehalt von 8-15% Saponin haben sie eine ähnliche Waschkraft wie die indische Waschnuss. Zusätzlich konzentrieren die Samen weitere waschfreundliche Substanzen, zu denen natürliche optische Aufheller, Wasserenthärter oder Farbfixationsmittel gehören, wodurch ihre Waschkraft erhöht und optimiert wird. Wie auch die Waschnuss kann die Rosskastanie 2-3-mal zum Waschen verwendet werden, wobei der Saponingehalt mit jedem Waschgang etwas abnimmt. Die Rosskastanie ist sehr ergiebig: 1 kg Rosskastanienpulver deckt den Jahresbedarf einer Person an Waschmitteln und ersetzt 8 kg an konventionellen Waschmitteln!

Die Rosskastaniensamen in der Naturapotheke

Der Hauptwirkstoff in den Rosskastaniensamen ist Aescin, ein Gemisch aus 30 verschiedenen Saponinverbindungen.

Aescin dichtet die Kapillarwände ab und verhindert ihre Durchlässigkeit. Es wirkt tonisierend und regulierend auf die Venenwände und hat eine positive Wirkung bei Krampfadern, Venenentzündungen, Ödemen, schweren Beinen oder Couperose. Auf die Haut wirkt die Rosskastanie desinfizierend, entzündungshemmend, juckreizstillend und hautregenerierend. In der Volksmedizin werden Extrakte aus den Samen gegen Rheuma, Gicht, Verletzungen, Blutergüssen und Verstauchungen eingesetzt. Die Rosskastaniensamen sind ein mildes Reinigungsmittel und eignen sich für die Herstellung von Shampoos, Duschgels und Flüssigwaschmitteln. Die Samen enthalten Allantoin, eine Substanz mit hautregenerierenden, hautberuhigenden und desodorierenden Eigenschaften und eignen sich zur Reinigung und Pflege sensibler Haut.

Umweltaspekte bei der Nutzung der Rosskastanie

Aktuelle Untersuchungen an der Fachhochschule Technikum in Wien bestätigen, dass „sich die Kastanienwaschlauge im Vergleich zu einem konventionellen Waschmittel als signifikant umweltfreundlicher herausgestellt hat“. In einem Algentest erwies sich das Vergleichswaschmittel 8-mal belastender für die Algen als die Rosskastanie. Analysiert wurde auch die Toxizität der Waschmittel für Kleinstwasserlebewesen. Die Ergebnisse sind beeindruckend: Die

Rosskastanienlauge ist um das 100- bis 1000-Fache weniger belastend für die Wasserlebewesen als das Vergleichswaschmittel aus dem Handel.

Sammeln und verarbeiten der Rosskastanie zu Waschmittel

Rosskastaniensamen erkennen

Die Samen sind rund und 3-5 cm groß. Sie haben eine glänzende, glatte und rot-braune Oberfläche. An der breiten Seite haben sie einen weißlichen großen Abdruck, der matt und filzig ist. Die Rosskastaniensamen schauen den essbaren Früchten der Esskastanie (*Castanea sativa*) sehr ähnlich, die jedoch keine Seifenstoffe enthalten und nicht zum Waschen geeignet sind.

Sammeln

Ab Mitte September können die braunen Samen gesammelt werden. Achten Sie beim Sammeln, dass die braune Schale intakt ist und keine Risse aufweist.

Verarbeiten

Nach dem Sammeln sollten die Rosskastanien möglichst frisch verarbeitet werden. Trockene Rosskastanien werden sehr hart und lassen sich nur mit leistungsstarken Geräten verarbeiten. Während der Lagerung sollen die Rosskastanien regelmäßig gewendet werden.

Reinigen

Die Rosskastaniensamen erst vor der Weiterverarbeitung mit Wasser waschen und gut abtrocknen.

Zerkleinern

Die Rosskastanien sind groß und hart, und die Küchenmaschinen sind in der Regel nicht für die Zerkleinerung solcher Samen ausgelegt. Daher zuerst die Rosskastanien mit einem Messer in 1 cm kleine Stücke schneiden.

Pulverisieren

Anschließend werden die vorher zerkleinerten Teile mit einer Küchenmaschine, einem Multizerkleinerer oder einem Fleischwolf pulverisiert. Dabei ist darauf zu achten, dass die Leistung der Maschine ausreichend ist, um die Rosskastanien zu pulverisieren. Starke Maschinen wie professionelle Mixer, Eis-Crusher und Häcksler können auch ganze und trockene Rosskastanien pulverisieren, hier kann auf das Vorschneiden verzichtet werden.

Trocknen der pulverisierten Rosskastanien

An einem warmen, luftigen oder sonnigen Ort trocknen und immer wieder wenden. Optimal sind Gitter und Tücher, unter die Luft gelangen kann.

Aufbewahrung

Das trockene Rosskastanienpulver in ein luftdicht verschlossenes Glas füllen. Das Pulver ist mehrere Jahre bei bei Zimmertemperatur haltbar.

Waschen, heilen und pflegen mit der Rosskastanie

Waschen mit frischen Rosskastanien

ZUTATEN

5–10 frische Rosskastanien

ZUBEREITUNG

Rosskastanien in 1 cm kleine Stücke schneiden. Die zerkleinerten Rosskastanien in ein Stoffsäckchen oder Söckchen füllen und in die Waschtrommel geben. Bei hartem Wasser 50 ml Naturessig in das Waschmittelfach zufügen und die Wäsche wie gewohnt waschen. Nach dem Waschen das Säckchen mit Rosskastanien luftig trocknen. Die Rosskastanien können bis zu 3-mal zum Waschen verwendet werden.

Rosskastanien-Flüssigwaschmittel

ZUTATEN

50 g getrocknetes Rosskastanienpulver oder
5–10 frische und zerkleinerte Rosskastanien · 1 Liter Wasser

ZUBEREITUNG

Rosskastanien mit Wasser in ein hohes Gefäß füllen.
Mit dem Pürierstab mixen, anschließend das Rosskastanienextrakt durch ein Feinsieb filtrieren. Alternativ kann die Lauge in ein Glas mit Schraubverschluss gefüllt, gut geschüttelt und filtriert werden. Die klare Flüssigkeit direkt zur Wäsche in die Waschtrommel füllen. Bei hartem Wasser 50 ml Naturessig in das Waschmittelfach zufügen und die Wäsche wie gewohnt waschen. Den gefilterten Rosskastanienpulver-Rückstand luftig trocknen. Er kann noch 2-3-mal zum Waschen verwendet werden. Dazu die Rosskastanien erneut mit 1 Liter Wasser ansetzen und filtern.

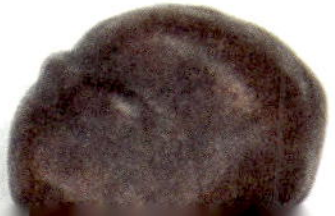

Waschen mit Rosskastanienpulver

ZUTATEN

50 g getrocknetes Rosskastanienpulver

ZUBEREITUNG

Rosskastanienpulver in ein Stoffsäckchen oder Söckchen füllen und in die Waschtrommel geben. Bei hartem Wasser 50 ml Naturessig in das Waschmittelfach zufügen und die Wäsche wie gewohnt waschen. Nach dem Waschen das Säckchen mit Rosskastanienpulver luftig trocknen, es kann noch bis zu 3-mal zum Waschen verwendet werden.

Natursshampoo mit Rosskastanie

ZUTATEN

400 ml Rosskastanien-Flüssigwaschmittel (S. 35)
1 Tasse haarstärkende Kräuter wie Salbei, Rosmarin oder Birke
1 EL Apfelpektin · 1/2 TL Natursalz

ZUBEREITUNG

Kräuter in kleine Stücke schneiden. Kräuter, Salz und das Rosskastanien-Flüssigwaschmittel in ein hohes Gefäß füllen und mit dem Pürierstab mixen. 1 Stunde stehen lassen, anschließend das Kräuterextrakt durch ein Teesieb filtrieren. Apfelpektin zum flüssigen Extrakt geben und erneut mit dem Pürierstab mixen. Das fertige Shampoo durch ein Sieb filtrieren und in eine Shampooflasche füllen.

ANWENDUNG

In den nassen Haaren verteilen und wie ein normales Shampoo verwenden. Die Menge reicht für 1-2 Anwendungen.

WIRKUNG

Stärkt Haare und Haarboden, reguliert die Talgproduktion, reduziert Schuppen und Juckreiz.

HALTBARKEIT

1–2 Tage bei Zimmertemperatur

Universales Bio-Reinigungsmittel

ZUTATEN

500 ml Rosskastanien-Flüssigwaschmittel (S. 35)
100 ml 40%-iger Alkohol · eine unbehandelte Bio-Zitrone

ZUBEREITUNG

Zitronenschale reiben, Zitronensaft auspressen. Zitronenschale und -saft, Rosskastanie und Alkohol im Mixer gut mixen. Das Extrakt durch einen Teefilter filtrieren und in eine Zerstäuberflasche füllen.

ANWENDUNG

Als Putz- und Reinigungsmittel, Geschirrspülmittel, Bad- und Fensterreiniger

WIRKUNG

desinfizierend, kalk- und schmutzlösend, antibakteriell

HALTBARKEIT

1 Monat bei Zimmertemperatur

Biologisches Geschirrspülmittel

ZUTATEN

500 ml Rosskastanien-Flüssigwaschmittel (S. 35)
100 ml Naturessig · 1 EL Apfelpektin

ZUBEREITUNG

Alle Komponenten mit dem Pürierstab mixen.

VERWENDUNG ALS HANDGESCHIRRSPÜLER

Füllen Sie das Geschirrspülmittel in eine Flasche und verwenden Sie es zum Reinigen des Geschirrs.

VERWENDUNG IN DER GESCHIRRSPÜLMASCHINE

Füllen Sie 300 ml des biologischen Geschirrspülmittels direkt in den Innenraum der Geschirrspülmaschine. Tür verschließen und das Geschirr reinigen lassen.

HALTBARKEIT

1 Monat bei Zimmertemperatur

Venenspray bei Krampfadern und müden Beinen

ZUTATEN

100 ml Rosskastanien-Flüssigwaschmittel (S. 35)
1 Tropfen ätherisches Minzöl · 1 TL Natron

ZUBEREITUNG

Alle Inhaltsstoffe vermischen und in eine Zerstäuberflasche füllen.

ANWENDUNG

Die Beine großzügig besprühen und lufttrocknen lassen.

WIRKUNG

Das Venenspray hilft bei Krampfadern, angeschwollenen Beinen, Ödemen, Venenentzündungen und Besenreisern.

HALTBARKEIT

2 Monate bei Zimmertemperatur

Venenstärkende Tinktur

ZUTATEN

20 frische Rosskastanien · 500 ml 40%-iger Alkohol

ZUBEREITUNG

Rosskastanien in kleine Stücke schneiden. Rosskastanien und Alkohol in ein Glas mit Schraubverschluss füllen. Gut schütteln und mindestens 1 Monat stehen lassen. Immer wieder schütteln. Am Ende die Tinktur abseihen und in eine Flasche füllen.

ANWENDUNG

Die Tinktur pur oder 1:1 mit Wasser verdünnt auf die betroffenen Stellen auftragen und einziehen lassen.

WIRKUNG

Unterstützt die Aktivität der Venen und verhindert ihre Durchlässigkeit; hilft bei Venenschwäche, -entzündungen, Krampfadern, Besenreisern, Couperose und Ödemen.

HALTBARKEIT

1 Jahr bei Zimmertemperatur

Efeu:
Das immergrüne Waschmittel

Efeu als Waschpflanze

Der Gewöhnliche Efeu (*Hedera helix*) ist im wahrsten Sinne ein schnell nachwachsendes Naturwaschmittel. Er überwuchert Gärten, Mauern und Wälder und liefert ganzjährig ökoneutrale Seifenstoffe. Verwendet werden vor allem ältere Blätter und die dunklen Beeren, in denen sich besonders viel Saponin konzentriert. Die Blätter des Efeus enthalten Triterpensaponine, Hederin-Verbindungen, Flavonoide, Glykoside, ätherisches Öl, Chlorophyll und Kaffeesäurederivate. „Witwenpflanze" wurde Efeu in der Vergangenheit

genannt, da diese ihn als Waschmittel für ihre Trauerkleidung verwendeten, um die Farben vor dem Ausbleichen zu schützen. Efeu eignet sich zum Waschen von bunten, dunklen und feinen Textilien. Er ist geruchsneutral und ein sanftes, hautverträgliches und rückfettendes Naturwaschmittel. Besonders empfehlenswert ist er als hypoallergenes Waschmittel für Kinder und Menschen mit sensibler Haut.

Die Efeublätter in der Naturapotheke

Efeu ist eine alte Naturarznei und wurde vor allem bei Verbrennungen und Wunden verwendet. Seine positive Wirkung bei Husten und Bronchitis wurde allerdings erst im 19. Jahrhundert zufällig entdeckt: Ein Arzt beobachtete, dass Kinder, die ihre Milch aus Efeugefäßen tranken, selten Husten bekamen. Seitdem wurde die arzneiliche Wirkung des Efeus wissenschaftlich erforscht. Er liefert heute die Basis zahlreicher Medikamente gegen Husten. Hauptwirkstoffe im Efeu sind Hederinverbindungen, Seifenstoffe mit pilzhemmender, antibakterieller, schleimlösender, entkrampfender und schmerzlindernder Wirkung. Innerlich verabreicht ist Efeu eine Basisarznei bei Bronchitis, Reizhusten und Verschleimungen. Extrakte aus Efeu wirken äußerlich aufgetragen adstringierend, entzündungshemmend, antineuralgisch, wasserausleitend, gefäßverengend. Eingesetzt werden sie gegen Rheuma, Ödeme, Arthritis und Cellulite. Volksmedizinische Anwendungen attestieren Efeu eine kühlende, fiebersenkende, wundheilende, abschwellende und hautberuhigende Kraft und er wird zur Behandlung von Brandwunden, Ekzemen, Kopfschmerzen, Geschwüren, Fieber und Entzündungen verwendet.

Hautpflegender Efeu

Efeublätter sind mild zur Haut, schützen sie vor Austrocknung und wirken rückfettend. Efeu kann als Basis von Duschgels, Shampoos und Flüssigwaschmittel verwendet werden. Als Anti-Cellulite-Öl ist Efeu ein erprobtes Mittel, strafft die Haut und glättet das Bindegewebe. Ebenso kann das Öl nach Sonnenbrand, bei Akne, Juckreiz und unreiner Haut angewendet werden.

Umweltaspekte der Nutzung des Efeus

Als Zierpflanze und Wildpflanze spendet Efeu Schatten, ist eine natürliche kühlende Klimaanlage und ein Refugium für Vögel und Tiere. Der immergrüne Kletterer bietet ein nachhaltiges und rasch nachwachsendes Naturwaschmittel. Efeu kann ökoneutral gesammelt und verwendet werden. Seine Seifenstoffe entlasten die Umwelt und sind zu 100% natürlich abbaubar. Die systematische Nutzung von Efeu als Waschmittel würde Flora und Fauna schützen und die Chemikalienbelastung in der Natur reduzieren.

Keine Angst vor Efeu!

Obwohl Efeu in der Naturheilkunde in Husten- und Cellulitepräparaten verwendet wird, nehmen viele Menschen an, er sei giftig. Dies beruht vor allem auf der Tatsache, dass Efeu keine klassische Esspflanze, sondern eine wichtige Naturarznei ist. Er kann sowohl innerlich als Tee, Tinktur oder Extrakt, als auch äußerlich als Öl, Auflage oder Einreibung angewendet werden. Bei den Angaben im Buch ist die Verwendung von Efeu unbedenklich und sicher. Generell ist anzumerken, dass Vergiftungen mit Efeu äußerst selten vorkommen. Sein seifig-bitterer Geschmack ist ein effektives „Frühwarnsystem" und verhindert natürlich die Einnahme größerer Mengen. Es ist daher sinnvoll, weniger vor der Giftigkeit des Efeus zu warnen als vielmehr den richtigen Umgang mit ihm zu lernen, denn Pflanzen werden nur dann als giftig erachtet, wenn das Wissen über ihre Nutzung verschwindet.

Ein weiterer Grund für die vermeintliche Giftigkeit des heimischen Efeus wurzelt in einer Namensverwechslung. Efeu wird oft mit dem tatsächlich hautreizenden Giftefeu verwechselt (*Eichenblättrige Giftsumach,* lat. *Toxicodendron* oder *Rhus radicans,* engl. *Poison Ivy*). Giftefeu ist eine in Amerika vorkommende Pflanze und nur vereinzelt als Neophyt in Mitteleuropa zu finden. Die Pflanzen haben ansonsten nichts gemeinsam. Sie gehören zu verschiedenen Pflanzenfamilien und sind sehr gut anhand ihrer vegetativen Merkmale voneinander zu unterscheiden. Das eindeutigste Erkennungsmerkmal des Giftefeus ist der milchig-gelbe Saft, der in allen seinen Pflanzenteilen fließt. Beim Kontakt mit Luft verfärbt sich der Saft schwarz und entwickelt einen ekelerregenden Gestank. Efeu hingegen enthält keinen milchigen Saft und riecht angenehm neutral.

Sammeln und verarbeiten des Efeus zu Waschmittel

Efeublätter und Efeubeeren erkennen

Die Pflanze ist ein Wurzelkletterer und wächst in Wäldern, Gärten, an Baumstämmen oder Hausmauern. Charakteristisch bei Efeu ist seine flaumbedeckte und mit Haftwurzeln bedeckte Rinde. Die Efeublätter sind ledrig, dunkel, glänzend, kahl und mit hellen Blattnerven versehen. Die obere Seite der Blätter ist hell. Die jungen Blätter des Efeus sind 3-5-lappig und haben einen glatten Rand, ältere Blätter verlieren ihre Lappen und werden eiförmig. An den Frucht-

ständen wachsen mehrere kugelige Früchte, die mit ihrer violetten Färbung an Heidelbeeren erinnern.

Sammeln

Die Efeublätter können ganzjährig gesammelt werden, die höchste Konzentration der Saponine weisen sie allerdings im Sommer auf. Gesammelt werden vor allem große Blätter ohne Stängel. Im Winter und Frühjahr können auch die Beeren gesammelt werden, sobald sich diese dunkel färben.

Reinigen

Die Pflanzenteile sollten vor der Weiterverarbeitung mit Wasser gewaschen und gut abgetrocknet werden.

Trocknen

Die Blätter und Beeren sollen im Ganzen an einem warmen, luftigen oder sonnigen Ort getrocknet werden. Immer wieder wenden, um die Feuchtigkeit entweichen zu lassen.

Weiterverarbeitung

Nach der Trocknung die Pflanzenteile im Mixer pulverisieren.

Aufbewahrung

Das trockene Efeupulver kann in einem luftdicht verschlossenen Glas mehrere Jahre aufbewahrt werden.

Waschen, heilen und pflegen mit Efeu

Efeu-Trockenwaschpulver

ZUTATEN

100-ml-Glas mit getrocknetem Efeupulver oder
200-ml-Glas mit zerkleinerten frischen Efeublättern oder
50-ml-Glas mit zerquetschen frischen Beeren

ZUBEREITUNG

Efeu in ein Stoffsäckchen oder Söckchen füllen und direkt zur Wäsche in die Waschtrommel geben. Bei hartem Wasser 50 ml Naturessig in das Waschmittelfach zufügen und die Wäsche wie gewohnt waschen. Nach dem Waschen das Säckchen luftig trocknen. Das Efeupulver kann noch 1-mal zum Waschen verwendet werden.

Efeu-Flüssigwaschmittel

ZUTATEN

100-ml-Glas mit getrocknetem Efeupulver oder
200-ml-Glas mit zerkleinerten frischen Efeublättern oder
50-ml-Glas mit zerquetschen frischen Beeren
1 Liter Wasser

ZUBEREITUNG

Efeu mit Wasser in ein hohes Gefäß füllen. Mit dem Pürierstab mixen, anschließend das Efeuextrakt durch ein Feinsieb filtrieren. Alternativ kann die Lauge in ein Glas mit Schraubverschluss gefüllt, gut geschüttelt und filtriert werden. Die klare Flüssigkeit direkt zur Wäsche in die Waschtrommel füllen. Bei hartem Wasser 50 ml Naturessig in das Waschmittelfach zufügen und die Wäsche wie gewohnt waschen. Den gefilterten Efeupulver-Rückstand luftig trocknen. Er kann noch 1-2-mal zum Waschen verwendet werden. Dazu den Efeu erneut mit 1 Liter Wasser ansetzen und filtern.

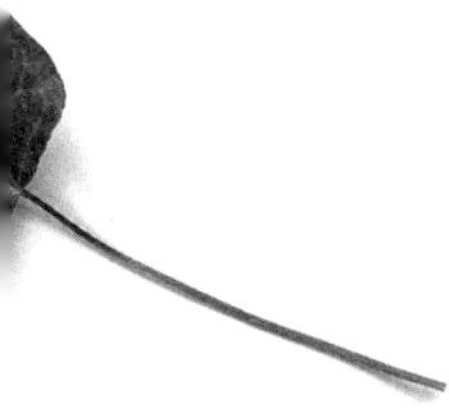

Flüssigseife mit Efeublättern für sensible Haut

ZUTATEN

300 ml Efeu-Flüssigwaschmittel · 1 EL Lavendelblüten
1 EL Apfelpektin · 1 EL Efeubeerenöl (S. 56)

ZUBEREITUNG

Alle Zutaten in einen Topf füllen und mit dem Pürierstab mixen. Zum Kochen bringen und unter Rühren 10 Minuten köcheln lassen. Herd abdrehen und die Flüssigkeit durch einen Feinsieb filtrieren. Die Flüssigseife in eine Spenderflasche füllen.

ANWENDUNG

Als Flüssigseife, Duschgel und Haarshampoo

WIRKUNG

Milde Flüssigseife für Menschen mit sensibler Haut, unterstützt die Hautregeneration, wirkt rückfettend und feuchtigkeitsspendend.

HALTBARKEIT

1–3 Wochen bei Zimmertemperatur

Kühlendes Spray bei Verbrennungen

ZUTATEN

100 ml Efeu-Flüssigwaschmittel (S. 53) · 1 EL Naturessig
1 TL Efeubeerenöl (S. 56) · 1/2 TL Natursalz

ZUBEREITUNG

Alle Inhaltsstoffe vermischen und in eine Zerstäuberflasche füllen. Vor dem Gebrauch gut schütteln.

ANWENDUNG

Auf die irritierten Hautstellen sprühen und einziehen lassen.

WIRKUNG

Beruhigt die Haut nach Sonnenbrand und Verbrennungen, hilft bei Hautirritationen, Juckreiz und Entzündungen.

HALTBARKEIT

2 Monate bei Zimmertemperatur

Efeubeerenöl gegen Cellulite

ZUTATEN

Je eine Handvoll Efeubeeren und -blätter
500 ml Olivenöl · 1 TL Natursalz

ZUBEREITUNG

Efeublätter in kleine Stücke schneiden, Efeubeeren zerdrücken. Efeu und Öl in einen Topf füllen und zum Kochen bringen. 10 Minuten köcheln lassen, Herd abdrehen und das Öl in der Resthitze über Nacht stehen lassen. Am nächsten Tag das Öl erneut einmal aufkochen lassen, Herd abdrehen und das Öl durch ein Feinsieb filtrieren. Das Efeubeerenöl in eine Flasche füllen, optional 1-3 Tropfen ätherisches Minzöl zugeben.

ANWENDUNG

Eine kleine Menge Efeubeerenöl in den Handflächen verteilen und in die Haut einmassieren.

WIRKUNG

Kann bei Cellulite, Ödemen, Sonnenbrand und Entzündungen angewendet werden.

HALTBARKEIT

1 Jahr bei Zimmertemperatur

Efeu-Hustensaft

ZUTATEN

3 große Efeublätter · 100 ml Efeu-Flüssigwaschmittel (S. 53)
500 g Waldhonig · Je 1 EL getrockneter Thymian und Salbei
100 g Apfelessig

ZUBEREITUNG

Efeu in sehr kleine Stücke schneiden, Thymian und Salbei pulverisieren. Alle Zutaten in ein Glas füllen und gut umrühren. 1 Monat dunkel ausziehen lassen, immer wieder schütteln oder umrühren. Den Hustensaft durch ein Feinsieb filtrieren und in eine Flasche füllen.

ANWENDUNG ALS HUSTENSAFT

Bei Husten 1 TL einnehmen und einwirken lassen, bei Bedarf wiederholen. Alternativ kann 1 EL des Hustensafts in 250 ml Tee vermischt und schluckweise getrunken werden.

WIRKUNG

Hustenberuhigend, erweichend, schleimlösend, reizlindernd, auswurfsfördernd

HALTBARKEIT

6 Monate bei Zimmertemperatur

Seifenkraut: Die blühende Waschwurz

Seifenkraut als Waschpflanze

Die bekannteste Waschpflanze ist Seifenkraut (*Saponaria officinalis*). Verwildert wächst sie bevorzugt in der Nähe von Flüssen, lässt sich aber auch im Garten kultivieren, wo sie große Bestände bilden kann. Als mehrjährige Pflanze entwickelt Seifenkraut stark verzweigte Rhizome, mit denen sich der Wurzelstock gut in der Erde verankert. Mit einem Gehalt von 2,5-8% Saponinen in der Trockenmasse enthält die Pflanze verhältnismäßig viele Seifenstoffe, die sich vor allem in den Wurzeln und Blättern konzentrieren. In vielen Ländern wurde Seifenkraut als Volkswaschmittel verwendet, und diese Nutzung bestätigen Namen wie Waschwurz, Seifenwurzel oder Waschlaugenkraut.

Für Textilien ist Seifenkraut ein schonendes Waschmittel und wird noch heute bei der Restaurierung und Reinigung historischer Stoffe und Tapisserien verwendet. Die Gewinnung der Saponine ist etwas aufwendiger als bei den anderen Waschpflanzen: Die Pflanze muss ausgegraben und die holzigen Wurzeln gewaschen und zerkleinert werden.

Verwendung der Seifenkrautwurzel in der Naturapotheke

Wie der Name „officinalis" verrät, ist Seifenkraut eine Arzneipflanze. Die Wurzel enthält Saponarioside A und B, Saporin, Triterpensaponine, Quillajasäure, Flavonoide, Harze und Vitamin C. Hieronymus Bock beschreibt als Erster im 16. Jahrhundert die „Speichelwurz“ als Mittel gegen schweren Atem. Innerlich eingenommen wirkt die Pflanze antibakteriell, pilzhemmend, antiviral, reinigend, schleimlösend und ist eine bewährte Arznei gegen Bronchitis, Grippe, Husten und Schleimhautentzündungen. Äußerlich aufgetragen haben Extrakte aus Seifenkraut eine entzündungshemmende und hautregenerierende Wirkung. Seifenkraut ist ein bewährtes Mittel bei Psoriasis, Neurodermitis, Allergien, Akne und Ekzemen. Saporin, ein Protein in der Seifenkrautwurzel mit tumorhemmender Wirkung, wird in der Medizin zur Behandlung von Krebs getestet.

Seifenkraut in der Hautpflege

Aus der Pflanze können Shampoos, Duschgels und Flüssigwaschmittel hergestellt werden. Die Wirkstoffe des Seifenkrauts sind sanft zur Haut und eignen sich als Reinigungsmittel bei empfindlicher und irritierter Haut.

Umweltaspekte

Seifenkraut ist ein heilsames Naturwaschmittel, ihre Nutzung fördert die Gesundheit und entlastet die Umwelt. Seifenkraut bildet in der Natur oft große Bestände, wodurch sie sich als Waschpflanze besonders gut eignet. Als Waschpflanze entlastet Seifenkraut die Kläranlagen, ist sanft zu Wasserlebewesen und baut sich rasch und zu 100% im Kreislauf der Natur ab.

Sammeln und verarbeiten des Seifenkrauts zu Waschmittel

Seifenkraut erkennen

Die Pflanze ist mehrjährig und kann bis zu 80 cm hoch werden. Die Blätter wachsen lanzettartig und dicht um den unverzweigten und leicht behaarten Stängel, die leicht duftenden Blüten sind rosa-violett und haben 5 Blütenblätter. Eindeutiges Erkennungsmerkmal ist die stark verzweigte Wurzel, die fingerdicke Rhizome bildet. Wird die Wurzel in Stücke geschnitten, treten beim Kontakt mit Wasser die Seifenstoffe aus und das Wasser fühlt sich weich und seifig an und beginnt zu schäumen.

Sammeln

Gesammelt werden die Wurzeln von Herbst bis Frühjahr und die oberirdischen Pflanzenteile während der Vegetationszeit. Die Wurzeln können auch im Sommer gesammelt werden, enthalten jedoch weniger Seifenstoffe als in der Herbst-Winterzeit. Beim Sammeln der Wurzeln werden die Pflanzen behutsam ausgegraben, um Verletzungen der Wurzeln der Nebenpflanzen zu vermeiden. Beim Sammeln der oberirdischen Teile werden Blätter und Blüten gesammelt. Achten Sie beim Sammeln, dass der Bestand groß ist und sammeln Sie nur so viele Pflanzen, wie Sie tatsächlich brauchen.

Verarbeiten

Nach dem Sammeln werden die Wurzeln von Erde befreit und gut mit Wasser gewaschen. Zum Reinigen der Wurzeln kann eine Bürste verwendet werden. Nach dem Waschen werden die Wurzeln auf eine saugfähige Unterlage zum Abtropfen und Trocknen gelegt. Die Pflanzenteile können noch frisch weiterverarbeitet oder vollständig getrocknet werden.

Zerkleinern

Die Wurzeln werden noch frisch mit einem Messer in circa 1 cm kleine Stücke geschnitten. Alternativ eignen sich gute Haushaltsmixer mit Zerkleinerungsfunktion.

Trocknen

Nach dem Schneiden werden die zerkleinerten Wurzeln zum Trocknen auf eine saugfähige Unterlage gelegt. Getrocknet wird an einem warmen, luftigen oder sonnigen Ort. Während der Trocknung sollen die Wurzeln immer wieder gewendet werden. Die Blätter werden nicht zerkleinert, sondern im Ganzen getrocknet.

Herstellen des Waschpulvers aus Seifenkraut

Nach der Trocknung die Wurzeln und/oder die Blätter im Mixer pulverisieren.

Aufbewahrung

Das trockene Pulver in ein luftdicht verschlossenes Glas füllen. Das Pulver ist mehrere Jahre haltbar.

Waschen, heilen und pflegen mit Seifenkraut

Seifenkraut-Trockenwaschpulver

ZUTATEN

150 g frische und zerkleinerte Seifenkrautwurzeln oder
100 getrocknete und pulverisierte Seifenkrautwurzeln oder
200-ml-Glas mit frischen und zerkleinerten Seifenkrautblättern

ZUBEREITUNG

Seifenkraut in ein Stoffsäckchen oder Söckchen füllen und direkt zur Wäsche in die Waschtrommel geben. Bei hartem Wasser 50 ml Naturessig in das Waschmittelfach zufügen und die Wäsche wie gewohnt waschen. Nach dem Waschen das Säckchen luftig trocknen, das Seifenkraut kann noch 1-2-mal zum Waschen verwendet werden.

Seifenkraut-Flüssigwaschmittel

ZUTATEN

150 g frische und zerkleinerte Seifenkrautwurzeln oder 100 getrocknete und pulverisierte Seifenkrautwurzeln oder ein 200-ml-Glas mit frischen und zerkleinerten Seifenkrautblättern · 1 Liter Wasser

ZUBEREITUNG

Seifenkraut und Wasser in ein hohes Gefäß füllen. Mit dem Pürierstab mixen, anschließend das Seifenkrautextrakt durch ein Feinsieb filtrieren. Alternativ kann die Lauge in ein Glas mit Schraubverschluss gefüllt, gut geschüttelt und filtriert werden. Das Seifenkraut-Extrakt direkt in die Waschtrommel füllen. Bei hartem Wasser 50 ml Naturessig in das Waschmittelfach zufügen und die Wäsche wie gewohnt waschen. Den gefilterten Seifenkrautpulver-Rückstand luftig trocknen. Er kann noch 2-3-mal zum Waschen verwendet werden. Dazu das Seifenkraut erneut mit 1 Liter Wasser ansetzen und filtern.

Natur-Geschirrspülmittel

ZUTATEN

50-ml-Glas mit Seifenkrautpulver

ZUBEREITUNG

Seifenkrautpulver in ein Stoffsäckchen oder Söckchen füllen. Das Säckchen direkt in den Geschirrspüler legen. 50 ml Essig in das Klarspülfach füllen und den Geschirrspüler einschalten. Nach dem Waschen soll das Säckchen luftgetrocknet werden und kann erneut 1-2-mal zum Waschen verwendet werden.

Frauenkräuterbad mit Waschwurz

ZUTATEN

3 Liter Seifenkraut-Flüssigwaschmittel (S. 67) · 2 Handvoll entspannende Kräuter wie Salbei, Linde, Kamille, Holunder, Mädesüß · 1 Liter Milch oder Kokosmilch · 300 g Natursalz

ZUBEREITUNG

Kräuter abzupfen und die holzigen Teile entfernen. Alle Zutaten in einen Topf füllen und mit dem Pürierstab mixen. Zum Kochen bringen und unter Rühren 10 Minuten köcheln lassen. Herd abdrehen, das Extrakt 1 Stunde ziehen lassen, danach durch einen Feinsieb filtrieren. Zum Badewasser geben und 1 Stunde darin baden.

ANWENDUNG

Entspannendes und regenerierendes Bad für die gestresste Haut

WIRKUNG

Feuchtigkeitsspendend, hautberuhigend, entgiftend

HALTBARKEIT

Sofort verwenden

Mildes Kinderduschgel mit Seifenkraut

ZUTATEN

100 g Seifenkrautpulver · 500 ml Molke
1/2 TL Natursalz · 1 EL Apfelpektin

ZUBEREITUNG

Alle Zutaten bis auf das Pektin vermischen und zum Kochen bringen. 15 Minuten zugedeckt köcheln lassen, anschließend Herd abdrehen und die Flüssigkeit 1 Stunde in der Resthitze stehen lassen. Die Flüssigkeit durch ein Teesieb filtrieren und Apfelpektin mit dem Pürierstab einarbeiten. Das Kinderduschgel in eine Spenderflasche füllen und wie ein Duschgel verwenden.

ANWENDUNG

Als sanftes Duschgel und Flüssigseife

WIRKUNG

Wirkt hautberuhigend, rückfettend und feuchtigkeitsspendend. Unterstützt die natürliche Hautregeneration und ist auch für Menschen mit sensibler Haut geeignet.

HALTBARKEIT

Bei hygienischer Anwendung 1 Monat bei Zimmertemperatur

Hustenwurz-Heilelixier

ZUTATEN

100-ml-Glas mit getrockneten Seifenkrautblättern und -blüten
200-ml-Glas mit frischen zerkleinerten Spitzwegerich-Blättern
100 ml Seifenkraut-Flüssigwaschmittel (S. 67)
800 g Waldhonig · 200 ml Rotwein

ZUBEREITUNG

Alle Zutaten vermischen und im Kühlschrank 1 Woche ziehen lassen. Immer wieder schütteln. Das Hustenwurz-Elixier durch ein Feinsieb filtrieren und in eine Flasche füllen. Kühl und dunkel aufbewahren.

VERWENDUNG ALS HEILELIXIER

1 EL bei Husten einnehmen und einwirken lassen. Alternativ kann 1 EL in 250 ml Tee aufgelöst und schluckweise getrunken werden.

WIRKUNG

Bei Husten, Bronchitis und Halsschmerzen wirkt das Hustenwurz-Elixier beruhigend, auswurfsfördernd und entzündungshemmend.

HALTBARKEIT

6 Monate im Kühlschrank

Hautberuhigender Spray bei Neurodermitis

ZUTATEN

200 ml Seifenkraut-Flüssigwaschmittel (S. 67)
1/2 TL Natursalz · 1 TL Natron

ZUBEREITUNG

Alle Zutaten vermischen und in eine Zerstäuberflasche füllen. Vor dem Gebrauch gut schütteln.

ANWENDUNG

Auf die betroffenen Stellen sprühen und einziehen lassen.

WIRKUNG

Beruhigt die Haut bei Neurodermitis, Juckreiz und Psoriasis, unterstützt die Hautregeneration.

HALTBARKEIT

2 Monate bei Zimmertemperatur

Weitere Waschpflanzen aus Wald und Wiese

Adlerfarn (Pteridium aquilinum)

Adlerfarn wächst bevorzugt in Wäldern, wo er sich schnell vegetativ ausbreitet. Aufgrund seiner Verbreitung und seines raschen Wachstums eignet er sich als nachwachsende „Wald-Seife“. Seine Saponine konzentrieren sich vor allem in Blattstielen und Rhizomen. Die Pflanze ist medizinwirksam: Extrakte aus Adlerfarn finden in der Volksheilkunde als Einreibung oder Kompresse bei Rheuma und Gicht Anwendung.

Ahorn (Acer)

Zu der Familie der Seifenbaumgewächse gehören auch die Ahorne. Sie sind beliebte Straßen- und Parkbäume, ebenso wachsen sie in Wäldern und auf Wiesen. Ihre Seifenstoffe konzentrieren sich vor allem in Blättern und Rinde. Als Waschpflanzen eignen sich vor allem Bergahorn (*Acer pseudoplatanus*), Feldahorn (*Acer campestre*) und Spitzahorn (*Acer platanoides*). Ahorne sind vergessene Heilbäume, die bei Geschwüren, Fieber und Schwellungen angewendet werden.

Birke (Betula)

Als Heilpflanze ist die Birke für ihre harntreibende, blutreinigende und entzündungshemmende Wirkung bekannt, ihre Waschkraft ist jedoch weitgehend unbekannt. Die Blätter der Birke enthalten Seifenstoffe und bieten sich als mildes Waschmittel an. Waschlaugen aus Birke eignen sich besonders für Kinder sowie für Menschen mit Hautproblemen wie Neurodermitis oder Psoriasis und bei Wunden. Neben Saponinen enthält der Baum weitere heilsame Wirkstoffe wie Betulin, das in der anthroposophischen Medizin zur Heilung von Hautkrankheiten eingesetzt wird.

Oxalhaltige Pflanzen

Nicht nur Saponine, sondern auch Oxalsäure ist eine waschaktive Substanz. Oxalsäure ähnelt dem Essig: Es ist ein natürlicher Wasserenthärter, entfernt Flecken und verbessert die Reinigungskraft beim Waschen. Zum Waschen können oxalhaltige Pflanzen wie Sauerklee, Rhabarber, Amaranth, Melde, Portulak, Mangold, Spinat oder Gänsefuß verwendet werden. Besonders reich an Oxalsäure sind die älteren Pflanzenteile.

Schleimstoffhaltige Pflanzen

Stärke und Schleimstoffe sind ebenfalls natürliche Waschmittel. Stärke verändert die Wascheigenschaften des Wassers, macht es weich und wirkt wie mildes Waschmittel und Fleckentferner. Stärke- und schleimstoffhaltige Pflanzen sind Kartoffeln, Bohnen, Erbsen, Linsen, Weizen, Gerste, Hafer, Reis, Mais, Kamut, Hirse, Dinkel, Leinsamen und Flohsamen.

Eine grüne Zukunft beginnt jetzt

Das Buch ist hier zu Ende, die Wiederentdeckung der heimischen Waschflora steht allerdings erst am Anfang. In Wäldern und auf Wiesen wachsen viele heilsame Waschpflanzen, die Saponine, Stärke, Oxalsäure, Schleimstoffe und andere waschaktive Substanzen in sich konzentrieren.

Es lohnt sich also, vor dem nächsten Waschgang eine Entdeckungsreise in die reiche heimische Waschlandschaft zu unternehmen!

WEITERFÜHRENDE LITERATUR

Nedoma, Gabriela:
Naturwaschmittel Rosskastanie. Die heimische Waschnuss als ökologische Alternative. Aesculus Verlag, 2015
Grüne Kosmetik. Bio-Pflege aus Küche und Garten. Freya, 2013
Knospen und die lebendigen Kräfte der Bäume. Freya, 2014
Naturseifen selber machen. Servus Verlag, 2014
Biokosmetik. Vegan, frisch, naturbelassen. Thorbecke, 2015
Heilsalben aus Wald und Wiese. Servus Verlag, 2015

Diplomarbeit „Rosskastanien als Waschmittel. Vergleich eines sozial-ökologischen Waschmittels aus Rosskastanien mit einem herkömmlichen Waschmittel hinsichtlich chemischer, zytotoxischer und ökotoxikologischer Eigenschaften. Isolierung und Identifikation von waschaktiven Hauptkomponenten der Rosskastanie." Sophie-Kathrin Baumgartner und Carmen Buczolich, Höhere Bundeslehr- und Versuchsanstalt für chemische Industrie Wien und Fachhochschule Technikum Wien

Kostenlose Informationsmaterialien „die umweltberatung" Wien:
Infoblatt: „Naturwaschmittel aus Rosskastanien".
Download: http://www.umweltberatung.at/downloads/rosskastanien-infobl-reinigung.pdf
Broschüre „Schickes Outfit? Neu? Ja, aber ökologisch!".
Download: http://www.umweltberatung.at/downloads/textilbroschuere_web.pdf
Infoblatt „Die Waschnuss".
Download: http://www.umweltberatung.at/waschnuss
Infoblatt „Oh Schreck ein Fleck".
Download: http://www.umweltberatung.at/oh-schreck-ein-fleck
Infoblatt „Naturkosmetik selbstgemacht".
Download: http://www.umweltberatung.at/naturkosmetik
Broschüre "Chemie im Haushalt".
Download: http://www.umweltberatung.at/downloads/chemie-im-Haushalt-Broschuere.pdf

Die Servus-Familie

Servus ist regional verwurzelt und steht für Werte wie Natürlichkeit, Brauchtum, unvergängliche Schönheit, Lebensfreude, Genuss und das fast vergessene Wissen, in dem unendlich viel Modernität steckt.

ServusTV liefert Kultur, Heimat, Natur, Unterhaltung, Sport und Informationen stets in höchster Qualität – einfach bessere Unterhaltung.

Das **Magazin Servus in Stadt & Land** widmet sich Monat für Monat allen Themen, die das Leben im jahreszeitlichen Rhythmus einfach und schön machen.

Der **Servus Buchverlag** macht in traditioneller Buchmacherkunst die Heimat erlebbar.

Der **Online-Shop Servus am Marktplatz** bietet liebevoll hergestellte regionale Handwerksprodukte.

Die Servus-Familie: Heimat für alle Sinne!

Servus

Über die Autorin

Gabriela Nedoma ist Buchautorin, Naturpädagogin und Expertin für Grüne Kosmetik. Sie startete die Initiative „Natur schützt Haut" und unterrichtet im Lehrgang „Grüne-Kosmetik-Pädagogik" die Grundlagen naturbelassener Hautpflege. Als gefragte Naturreferentin engagiert sie sich in Projekten an Schulen und in der Erwachsenenbildung für ein Leben im Einklang mit der Natur. Gabriela Nedoma lebt mit ihrem Mann in Niederösterreich.

FSC
www.fsc.org
MIX
Papier aus verantwortungsvollen Quellen
FSC® C015216

 Titelsatz aus einer Kalligrafie von Karl Starzer, Satz aus der Hoefler Text und The Sans. · Medieninhaber, Verleger und Herausgeber: Red Bull Media House GmbH · Oberst-Lepperdinger-Straße 11–15 · 5071 Wals bei Salzburg, Österreich · Gestaltung und Satz: graficde'sign. pürstinger, Alex Stieg · Bilder: Cover und Innenteil: Michaela Gabler, außer S. 44 Science Photo Library/picturedesk.com und S. 47 Tim Graham/robertharding/picturedesk.com

Printed in Italy
ISBN 978-3-7104-0096-4